Este libro está dedicado con mucho cariño a ti, que me lees y sigues mis videos, porque eres quién me inspira cada día. Espero que este recetario sea una herramienta que te sirva, para que te animes a hacer cosas ricas, para que pruebes nuevas recetas y, si te equivocas, para que lo sigas intentando.

A la memoria de mi nona y mi madrina, a todo lo que me enseñaron, sus manos llenas de harina en sus cocinas llenas de amor, sus abrazos. ¡Las recuerdo y extraño siempre!

Con mucho amor, a mi mamá Ana, por ser la mujer a la que aspiro ser, con los valores más importantes de la vida, compañera fiel, mi mejor amiga y la que me quiere tanto que me dejó ir a cumplir mis sueños, aunque eso hiciera que me tuviera que ir muy lejos del nido. ¡Te amo, ma!

A mi hijita Noa, porque me acompañó siempre en esta aventura de ser Vero Sweet Hobby: cuando empecé tenías solo 4 añitos, ¡y ya querías estar en todos mis videos! Sos mi Sol, hija.

Y a los hombres de mi vida: Emi, Eddy y Raúl, por estar siempre presente y hacerme sentir lo orgullosos que están de lo que hago.

¡Gracias por la compañía en Vero Sweet Hobby!
Y si recién me conoces, ¡bienvenida o bienvenido!

Con mucho amor,
Vero Castagno
Vero Sweet Hobby

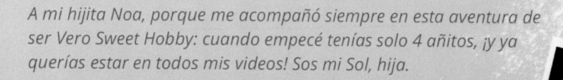

Nona Ana

Con Noa

Mi mamá

¿Alguna vez te pasó de mirar un pastel o un postre y pensar: "¡Qué delicia! Ojalá pudiera hacerlo!"?

¿Te cuento algo?: en este recetario vas a encontrar todos los secretos para hacerlos, porque te comparto las recetas básicas que necesitas para hacer pasteles y postres, todos hechos de una manera súper fácil.

No importa en qué nivel de repostería te encuentres, con este libro vas a poder hacer todos los postres que desees. Te lo prometo: soy una fiel creyente de que todos podemos cocinar rico.

Comencé a cocinar y a hornear gracias a las vivencias y recuerdos que me dejó mi abuela, siempre cocinando delicioso, con esos aromas que hacen que se te haga agua la boca y que regreses mentalmente a momentos inolvidables.
Sin embargo, tanto mi nona como yo, ¡no tenemos paciencia! Es por eso que todo lo que hago es muy rico, muy fácil y se puede hacer muy rápido.

¿Suena como un plan al que te gustaría unirte? Todos los secretos de las recetas básicas que uso están en este, mi primer libro: la Biblia de la Repostería.
¡Que lo disfrutes, que hagas postres increíbles y que comas muy, pero muy rico!

Vero Castagno

ÍNDICE

Continúa en la próxima página ...

ÍNDICE

Continuación ...

Pasteles muy simples y ricos:

Galletas:

GLOSARIO

BAÑO MARIA:

Cuando colocas un recipiente con agua a fuego bajo y sobre él colocas otro contenedor con el ingrediente que quieres cocinar.

CARAMELIZAR:

Cuando el azúcar pasa de estado sólido a líquido, luego de ser calentado.

CERNIR:

Pasar por un colador algún ingrediente, como harina, con el fin de quitar impurezas y evitar grumos.
Los ingredientes secos cernidos se agregan a los húmedos en forma de lluvia, es decir, desde el colador.

MANTEQUILLA PUNTO POMADA:

Es la mantequilla que, al estar a temperatura ambiente, tiene la textura ideal para ser manejada.

MOVIMIENTOS ENVOLVENTES:

Cuando tienes claras o crema montada, se deben agregar los demás ingredientes cuidadosamente para no perder el volumen que se consiguió mediante el batido. Es mover con una mano la espátula en una mezcla y con la otra girar el recipiente hacia el otro lado para integrar los ingredientes cuidadosamente.

MONTAR:

Batir un ingrediente con un batidor de alambre para incorporar aire y doblar su tamaño.

PUNTO BOLA:

Es un estado del almíbar. Se mide tomando un poco de azúcar cocido y colocando en agua fría, si se forma una bola blanda que se manipula con los dedos, está listo. La temperatura oscila entre 118° y 120°C o entre 244 y 248°F.

PUNTO LETRA:

Cuando se baten huevos con azúcar unos 12 minutos, hasta lograr una consistencia tal que se puede formar una letra sin que esta se deforme.

PUNTO NIEVE:

Batir la clara del huevo, ya sea sola o con azúcar, hasta lograr una mezcla tan firme que el tazón se voltea y la mezcla no se cae.

UNIDADES de MEDIDA

HARINA

TAZA	GRAMOS
1	125
3/4	94
1/2	62
1/4	31

AZÚCAR

TAZA	GRAMOS
1	200
3/4	150
2/3	131
1/2	100
1/3	66
1/4	50

 ## AZÚCAR GLASS

TAZA	GRAMOS
1	120
3/4	75
1/2	50
1/4	30

MANTEQUILLA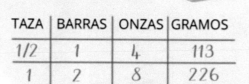

TAZA	BARRAS	ONZAS	GRAMOS
1/2	1	4	113
1	2	8	226
2	4	16	452

GRAMOS BASADOS EN MANTEQUILLADE USA

TAZA	CDA.	CDITAS.	Mililitros
1	16	48	236
3/4	12	36	177
2/3	11	32	157
1/2	8	24	118
1/3	5	16	78
1/4	4	12	59
-	1	-	15
-	-	1	5

FARENHEIRT	CELSIUS
500	260
475	246
450	232
425	218
400	205
375	190
350	176
325	162
300	150

ELEMENTOS QUE TIENES QUE TENER

MI HUMILDE SUGERENCIA:

Hacer pasteles es un arte que a mucha gente le sale naturalmente sin necesidad de medir las cosas exactamente, siempre, como si fuera magia, ¡todo les queda divino! Tengo que confesar que muchas veces me pasa, lo heredé de mi nona que me decía "...y, más o menos...", ¡y quedaba delicioso!

PERO, si estás comenzando este dulce camino de la repostería, hay ciertas recetas para las que necesitas medir los ingredientes exactamente o no te van a salir. Por ejemplo, los merengues: si no pesas exacto, no te salen.

Entonces te aconsejo que tengas, además de lo obvio, cacerolas, moldes y espátulas, entre otros, otros pocos elementos te harán la vida mucho más fácil y te ayudarán a que tus recetas no te fallen.

BALANZA QUE PESE EN GRAMOS

Hay muchas opiniones sobre cuál es la medida de peso más precisa y correcta. Yo he descubierto que si mido en gramos, ninguna receta falla. No hace falta ninguna balanza cara: cualquier balanza que pese en gramos, sirve.

TERMÓMETRO DE REPOSTERÍA

Lo necesitas para hacer merengue italiano, malvaviscos y varias recetas que precisan una temperatura exacta. Cualquier termómetro de cocina sirve, especialmente si es de repostería.

BATIDORA

Puedes comenzar con una batidora de mano, pero si de verdad te interesa hacer muchos pasteles o postres, la mejor inversión que puedes regalarte es una buena batidora.

Buttercream
Americano

Ingredientes

Mantequilla - butter	225 gramos - 1 taza
Azúcar impalpable (glass)	227 gramos - 2 tazas
Leche	3 cucharadas
Escencia de vainilla	1 cucharadita

Deja la mantequilla fuera del refrigerador por media hora antes de comenzar a batir, para que esté a temperatura ambiente. Luego, bátela en tu batidora hasta que quede una crema de color bien blanco.

Una vez que tenga una contextura blanca cremosa, agrega el azúcar de a poco, bajando la velocidad de la batidora.

Por último, incorpora solo una cucharadita del sabor que te guste. Agrega la leche solo si tu crema está muy dura y necesitas ablandarla; hazlo de a cucharaditas.

¡Consejo!

Tú eres quien le va a dar la textura y consistencia que necesitas, si quieres que esté más dura, agrégale más azúcar, de a poco. Si la necesitas más blanda, agrégale cucharaditas de leche hasta lograr el punto que necesitas.

Buttercream

Consejos: continuación...

- Si quieres una crema blanca: bate bien la mantequilla sola, hasta que cambie de color y quede blanca. Luego, agrega el azúcar tamizada.

- Si quieres evitar que te quede porosa: agrégale una cucharada de queso crema o crisco, manteca vegetal.

- Si ya la pusiste en tu pastel y notas que tiene una textura que no te encanta y quieres alisarla: rocíala con un poquito de agua con un rociador y luego pásale la espátula.

- Si quieres agregarle color, que sea siempre en gel.

- Si necesitas que resista al calor, te recomiendo usar la receta que tiene merengue, en vez de tanta mantequilla.

- Puedes guardarla en el freezer, en un contenedor cerrado, hasta 1 mes. Descongélala pasándola al refrigerador toda la noche y déjala a temperatura ambiente una vez que quieras usarla.

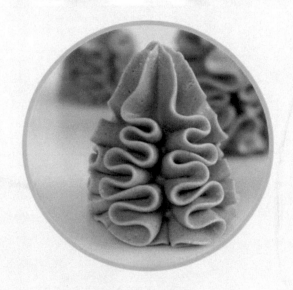

Buttercream
de chocolate

Ingredientes

Leche condensada
Mantequilla sin sal
Chocolate semi-amargo
derrerido

200 gr - 0.65 tazas
250 gr - 9 oz
1/4 taza

Comenzamos batiendo la mantequilla que está a temperatura ambiente tipo pomada, las batimos en la batidora hasta que se forma una crema pastosa. Una vez que el color se vuelve más claro, es momento de agregar la leche condensada por sólo unos minutos más, sólo hasta que se incorporen.

Por último agrega el chocolate, batiendo con la batidora al mínimo. Puedes usar esta crema para decorar o relleno. Queda muy brillosa, sedosa y rica!

¡Consejo!

No mezcles de más porque se te formarán burbujas de aire. Si esto pasa, sólo masajéala con una espátula o cuchara hasta que desaparezcan.

Buttercream
de fresas

Ingredientes

Azúcar glass o impalpable	250 gr. - 2 1/2 tazas
Mantequilla	250 gramos - 9 oz.
Fresas frescas	1 taza
Jugo de limón	2 cucharadas

Comenzamos haciendo un puré con las fresas, agrégale el jugo de limón, luego llévalo a una cacerola al fuego, removiendo constantemente hasta que hierva. Cuando comienza a burbujear retíralo del fuego.

En este punto puedes colarlo si no te gustan las semillas de la fruta, yo elijo dejarlas porque me encantan.

Pon el puré caliente en un bowl que puedas llevar al refrigerador y cubre la mezcla con plástico de cocina, tocando el puré para que no se endurezca.

Por otro lado, bates la mantequilla primero en tu batidora hasta que se forme una crema, incorpora el azúcar de a poco hasta que tienes la crema de mantequilla lista.

Una vez que el puré de fresas está bien frío, incorpóralo en la batidora con la crema hasta que estés listo. Unos 5 minutos más.

¡Consejo!

Cuando incorporas las fresas a la buttercream, va a parecer que se cortó, sigue batiendo, esto pasa sólo hasta que se integran los ingredientes. Sigue mezclándolos y quedará perfecta.

Buttercream
de frambuesas

Ingredientes

Leche condensada	200 gr - 0.65 tazas
Mantequilla sin sal	250 gr - 9 oz
Frambuesas deshidratadas	34 gr - 1.2 oz

Pon las frambuesas en una procesadora o licuadora y tritura todo muy bien hasta que se vuelva un polvo. Déjalo a un lado.

En la batidora, pon la mantequilla que está a temperatura ambiente tipo pomada, las batimos en la batidora hasta que se forma una crema pastosa. Una vez que el color se vuelve más claro, es momento de agregar la leche condensada por sólo unos minutos más, sólo hasta que se incorporen.

Por último agrégale el polvo de frambuesa y mézclalo con una cuchara, este es un relleno absolutamente espectacular! Si necesitas darle más color, usa colorante en gel.

¡Consejo!

Si quieres que la crema no tenga casi textura, déjalo en la procesadora hasta que se vuelva polvo sin pedazos grandes.

Buttercream
de leche condensada

Ingredientes

Leche condensada	200 gr - 0.65 tazas
Mantequilla sin sal	250 gr - 9 oz

Comenzamos batiendo la mantequilla que está a temperatura ambiente tipo pomada, las batimos en la batidora hasta que se forma una crema pastosa. Una vez que el color se vuelve más claro, es momento de agregar la leche condensada por sólo unos minutos más, sólo hasta que se incorporen. Esta crema es muy rica, brilla mucho y es muy suave, prefiero usarla para decorar cupcakes por ejemplo, no es tan firme como para que quede un pastel perfecto, pero si es a mi gusto, mucho más rica que la crema de mantequilla americana, y más linda a la vista por la suavidad de su textura. Si quieres agregarle color, que sea siempre en gel.

¡Consejo!

No mezcles de más porque se te formarán burbujas de aire.
Si esto pasa, sólo masajéala con una espátula o cuchara hasta que desaparezcan.

Buttercream
de mango

Ingredientes

Leche condensada	200 gr - 0.65 tazas
Mantequilla sin sal	250 gr - 9 oz
Magos deshidratados	34 gr - 1.2 oz

Pon el mango deshidratado en una procesadora o licuadora y tritura todo muy bien hasta que se vuelva un polvo. Déjalo a un lado.

En la batidora, pon la mantequilla que está a temperatura ambiente tipo pomada, las batimos en la batidora hasta que se forma una crema pastosa. Una vez que el color se vuelve más claro, es momento de agregar la leche condensada por sólo unos minutos más, sólo hasta que se incorporen.
Por último agrégale el polvo de mango y mézclalo con una cuchara, este es un relleno absolutamente espectacular! Si necesitas darle más color, usa colorante en gel.

¡Consejo!

Si quieres que la crema no tenga casi textura, déjalo en la procesadora hasta que se vuelva polvo sin pedazos grandes.

VERO SWEET HOBBY

Buttercream de merengue

Ingredientes

Claras de huevo	5
Azúcar refinada blanca	1 1/4 taza
Cremor tártaro	1 pizca
Mantequilla	1 libra - 455 gramos

Saca la mantequilla del refrigerador y córtala en cubitos. Déjala a un lado, debe estar a temperatura ambiente y blanda antes de usarla.

Bate las claras con el azúcar en un bowl que puedas poner a baño María, lo vas a calentar hasta que llegue a 60°C – 140°F. Cuando llegue a esa temperatura lo llevas a la batidora y continúas batiendo hasta que se forme el merengue y se enfríe el bowl.

Después de unos 15 minutos, lo pones en el refrigerador para asegurarte de que está bien frío, antes de mezclarlo con la mantequilla que estará blanda (a temperatura ambiente).

Una vez que esté bien frío, le agregas la mantequilla de a poco, con la batidora en velocidad mínima, hasta que se haya integrado completamente.

¡Consejo!

Cuando mezcles los ingredientes, en un momento te va a parecer que se cortó, pero solo necesitas seguir batiendo: no lo tires. Continúa hasta que los ingredientes se integren.

Buttercream
De queso crema

Ingredientes

Queso crema	225 gramos - 1 taza
Mantequilla sin sal	113 gramos - 1 barra
Azúcar glass - impalpable	455 gramos - 4 tazas
Escencia de vainilla	2 cucharaditas

Deja la mantequilla fuera del refrigerador para que esté a temperatura ambiente, por media hora antes de comenzar a batir en velocidad media junto con el queso. Una vez que la mezcla se vuelve cremosa y homogénea, agregar el azúcar de a poco. Por último incorporamos la escencia de vainilla y los colores si fuera necesario.
Recuerda usar siempre colores en gel para que no te cambie la contextura de los ingredientes.

Esta crema puede guardarse hasta 1 semana en el refrigerador o 1 mes en el freezer.

Chocolate ganache

Ingredientes

Chocolate amargo

225 gramos - 1 taza

**Crema de leche
o crema para batir espesa**

100 mililitros - 1/2 taza

Mantequilla

1 cucharadita

Hay dos maneras de hacerlo y las dos quedan bien.

En MICROONDAS: pon todos los ingredientes en un recipiente apto para microondas. Caliéntalo 30 segundos, sácalo y revuélvelo; caliéntalo nuevamente por otros 30 segundos, revuélvelo. Continúa este proceso hasta que quede líquido. Déjalo enfriarse hasta llegar a temperatura ambiente para decorar o rellenar.

A BAÑO MARÍA: hierve agua en una cacerola, luego baja el fuego al mínimo y pon un recipiente que resista el calor sobre la cacerola, sin tocar el agua. Coloca todos los ingredientes en el recipiente y mézclalos hasta que queden completamente líquidos. Deja enfriar la preparación a temperatura ambiente, para rellenar o decorar y recuerda ser cuidadosa con el fuego:¡no te quemes!

Crema Chantilly

Ingredientes

**Crema de leche
o crema para batir espesa**   200 ml - 6.7 oz

Azúcar impalpable (glass)   3 cucharadas

Escencia de vainilla   1/2 cucharadita

La crema debe estar bien fría para que al batirla tome buena forma.
Batir en la batidora todos los ingredientes, hasta notar que se espesa.
¡Cuando levantas el batidor de alambre y no se cae, está lista!
Tiene que estar firme, pero ten cuidado de que no se te pase!
Esta crema solo necesita batirse unos minutos.

¡Consejo!

*¡Sírvela bien fría en una copa con fresas o frutillas!
Es tan rica que tus invitados te van a amar con este postre
simple y delicioso!*

Crema Chantilly
de Dulce de Leche

Ingredientes

Crema de leche o crema para batir espesa	200 ml - 6.7 oz
Azúcar impalpable (glass)	3 cucharadas
Escencia de vainilla	1/2 cucharadita
Dulce de leche	3 cucharadas

Básicamente vas a repetir el proceso de la crema chantilly y cuando esté lista, la retiras de la batidora y le incorporas a mano, las 3 cucharadas de dulce de leche.
Si es repostero te queda con consistencia más firme y es bueno para decorar, si no es repostero lo utilizas para relleno o para cubrir frutas o postres.

¡Consejo!

Si estás en un lugar en donde no consigues un buen dulce de leche, hazlo! Utiliza la receta de este libro, es genial.

CREMA PASTELERA

Ingredientes

Leche común	500 ml - 2 1/2 tazas
Azúcar	125 gramos - 4.4 oz.
Vainilla	1 cucharada
Harina de maíz (Maizena)	50 gramos - 1.7 oz
Yemas de huevo	5 yemas de huevos

Comienza mezclando las yemas con el almidón de maíz hasta que quede sin grumos y pon la mezcla a un lado.
Por otra parte, calienta la leche con el azúcar a temperatura media.

Agrega tu cucharada de vainilla y continúa hasta que esté tibio. Vierte un poquito de la leche a la mezcla de las yemas de huevo y mezcla hasta que se integren todos los ingredientes.
Una vez que todos los ingredientes se hayan integrado completamente, agrégale el resto de la leche, mezclando con cuchara de madera. Asegúrate de que no queden grumos muy grandes en el fondo de la cacerola.

Retira del fuego justo antes de que hierva. Espera a que se enfríe para poder usar la crema como relleno.

DULCE de LECHE

Ingredientes

Leche	4 litros - 140 onzas
Azúcar	1 kilo - 2.2 libras
Vainilla en vaina	1
Bicarbonato de soda / baking powder	1/2 cucharadita

Se coloca en una cacerola la leche con el azúcar, se mezcla bien y se pone al fuego.

Cuando se empieza a espesar, se le agrega la vainilla y se remueve continuamente sin parar, con una cuchara de madera.

Cuando faltan unos minutos para su cocción, se le agrega el bicarbonato, mezclando continuamente. Esto le dará el color marrón que conocemos.

Importante, cuando lo cocines, cambiará de color blanco a marrón, pero el color no tiene que ser intenso: una vez que se enfría el color va cambiando y se pone oscuro. Si te pasas de cocción, se volverá caramelo y no es lo que quieres.

¡Consejo!

Cocínalo en una cacerola de aluminio para que no se te pegue el dulce.

FONDANT CASERO

Ingredientes

Azúcar refinada
Jugo de limón
Agua caliente

1 kilo - 2.2 libras
1 cucharadita

Colocar el azúcar en una cacerola y cubrirlo con agua hirviendo. Mezclar con espátula hasta disolver el azúcar y llevar a fuego fuerte.

Cuando comienza a hervir, seguir batiendo con una cuchara de madera y agregarle el jugo de limón. Dejar hervir hasta que se espese, sin remover en ningún momento después de haber agregado el limón.

Cuando llega a punto bolita (ver glosario) retirar del fuego y volcarlo sobre un mármol ligeramente mojado. Batirlo con una cuchara de madera, de forma circular, hasta que se ponga blanco y tome consistencia. Amasar y guardar en contenedor bien cerrado hasta el momento de usarlo.

Para ablandarlo, se le puede agregar Crisco, manteca vegetal o bien poquita agua caliente.

FONDANT CASERO
de malvaviscos

Ingredientes

Malvaviscos (marshmallows)	150 gramos - 3 tazas
Azúcar glass	300 gramos - 2 tazas
Extracto de vainilla	1 cucharadita
Agua	1 cucharada
Crisco o manteca vegetal	1 cucharada

Toma la manteca vegetal con un papel y espárcela bien alrededor de un bowl apto para microondas.

Ponle los malvaviscos adentro y una cucharada de agua.

Llévalo al microondas por 30 segundos y mézclalos. Notarás que se pone pegajoso, agrégale una cucharada de vainilla e incorpora el azúcar tamizada. Cuando notes que la preparación está lo suficientemente dura, vuélcala en una superficie para seguir amasando hasta que todos los ingredientes se incorporen.

Si notas que sigue muy pegajosa, agrégale más azúcar, pero no muchísimo, para que el fondant no se ponga muy duro.

Recuerda cubrirlo con una bolsa bien cerrada o tupper para que dure. Esta receta, si está bien tapada, ¡dura 3 meses!

GLASEADO REAL

Ingredientes

Claras de huevo	2
Jugo de limón	1 limón
Azúcar impalpable o glass	375 gramos - 1 1/2 taza
Agua	Lo necesario.

IMPORTANTE: los huevos deben estar pasteurizados. Hierve agua a 60°C o 140°F, pon los huevos por 3 o 4 minutos y luego saca del agua. Déjalos enfriar; puedes ponerlos en hielo para que no se cocinen. Este proceso destruye las bacterias. Si estás en Estados Unidos y compras huevos orgánicos, este proceso no es necesario, consulta en tu zona para estar seguro.

PROCEDIMIENTO:

Con un tenedor, mezcla las claras con 1 cucharadita de limón, pon en la batidora y bate hasta que se forme una espuma.

Lentamente, incorpora el azúcar tamizada para que no tenga grumos. Es importante que la batidora esté en velocidad baja en este punto. Repetir el proceso hasta integrar toda el azúcar. Quedará una masa pegajosa y de color blanco brillante. Al principio, va a quedar muy espeso: está bien, eso es lo que quieres. Luego, agrega agua por cucharadas, mezcla y mira la consistencia. Necesitas que tarde 20 segundos en caer de la cuchara al bowl para hacer los bordes de las galletas. Para el relleno lo necesitas más blando, así que comienza con la consistencia de los bordes y luego agregas más agua para que tarde solo 10 segundos en caer de la cuchara, para rellenar las galletas. Puedes teñir el glaseado con colores en gel.

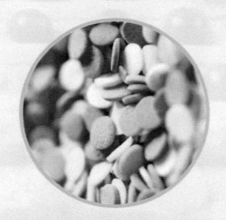

Sprinkles

Confites o grajeas caseras

VERO SWEET HOBBY

Ingredientes

Azúcar glass - impalpable	56 gramos - 1/2 taza
Agua	2 cucharadas
Jarabe de maíz (light corn syrup)	1 cucharada

Pon todos los ingredientes juntos en un bowl y mézclalos bien. Te quedará una masa tipo chiclosa, un poco pesada, pero líquida.

Divide la mezcla en diferentes bowls, la cantidad depende de cuántos colores quieras hacer. Recuerda que es muy importante que uses sólo colores en gel.

Ponlos en bolsas de decoración con boquillas que tengan aberturas bien pequeñas como la 3 de Wilton por ejemplo.

En una bandeja cubierta de papel encerado haz trazos paralelos o formas de gotas o lo que desees hacer.
Deben quedar secándose en la bandeja toda la noche por lo menos hasta que seque bien cada figura. Una vez secos, córtalos y guarda en un contenedor bien cerrado.

Merengue Italiano

Ingredientes

Claras de huevo	7
Azúcar común	450 gramos
Escencia de vainilla	1 cucharadita
Cremor tártaro	1 pizca

Hacer con el azúcar un almíbar punto bolita (buscar en glosario). Por otro lado, batir a nieve con el cremor tártaro hasta que quede una espuma bien firme.

Una vez que el almíbar esté listo, agrega las claras a nieve en la batidora, a velocidad mínima, en un chorro muy fino y lentamente. Una vez que hayas vaciado todo el contenido, sube la velocidad de la batidora al máximo hasta que se enfríe el bowl, aproximadamente 10 o 15 minutos. Es preferible si lo haces en batidora de pie. Lo último que le agregas es la vainilla.

¡Consejo!

¡Cuidado con el azúcar! Puedes quemarte si no lo tratas cuidadosamente. Este merengue es especial para decorar pasteles, helados y postres. No queda duro como el merengue francés, pero es una cobertura increíblemente deliciosa.

Merengue Francés

Ingredientes

Claras de huevo	80 gramos
Azúcar glass	80 gramos
Azúcar común	80 gramos
Maizena (almidón de maíz)	1 cucharada

Comienza pesando todos los ingredientes.

Luego, mezcla las claras solas en una batidora; el ideal sería una de pie. Una vez que se forma espuma, de a poco, agrega el azúcar común en forma de lluvia. Bate por al menos 15 minutos al máximo, hasta que puedas tomar la espuma entre 2 dedos y no sientas el azúcar. Se tiene que disolver completamente.

Una vez que se forme el merengue, retira de la batidora y, a mano, de manera envolvente, integra el azúcar glass y la maizena.

Haz tus formas con las boquillas que quieras, sobre un papel encerado que cubra tu fuente del horno. Hornea a la menor temperatura que puedas, por al menos 45 minutos.

¡Consejo!

Es muy importante medir cada ingrediente. Esta receta no te va a salir sin las medidas exactas.
El horno tiene que estar hiper bajo, lo más bajo posible, deja la puerta abierta del horno un rato antes de meterlos.

POSTRES FÁCILES

PARA SORPRENDER

VERO SWEET HOBBY

FLAN
De Leche conensada

Ingredientes

Leche condensada	2 latas
Huevos	5
Agua tibia	2 tazas
Vainilla	1 cucharada
Ralladura de limón	1
Azúcar	3 cucharadas

Este es el flan más rico y fácil del mundo!
Precalienta tu horno a 450 F - 232 C

Lo primero que debes hacer es derretir el azúcar en tu flanera, hasta que se forme el caramelo. Hazlo con cuidado, esparciéndolo por las paredes y lados del molde. Déjalo a un lado.
En la batidora, pon todos los ingredientes juntos y mezcla hasta que todo esté unido, va a hacer un poco de espuma y está bien. Vierte la mezcla en la flanera acaramelada y llévala al horno, a baño María, por unos 40 minutos. Estará listo cuando introduzcas un cuchillo en el flan y lo saques limpio.

Espera a que se enfríe y ponlo en el refrigerador toda la noche.
En el momento de servir, calienta la base de la flanera para que se derrita el caramelo y desmolda en una bandeja. Puedes agregarle dulce de leche para un sabor extra dulce.

GELATINA CON YOGURT
postre LIGHT

Ingredientes

Gelatina de tu sabor preferido   85 gr- 1 caja - 3 oz
Yogurt tipo Yoplait   170 gr- 2 vasos - 12 oz
Manzanas o la fruta que   1 fruta cortada y pelada
prefieras.

Este es el postre más fácil de hacer y, además, ¡es rico, diet y súper bueno para tus huesos! Me dio esta receta un buen dietista que tuve hace años; desde entonces siempre lo hago. Te va a encantar.

El secreto es preparar la gelatina como dice en la caja; pero, en vez de ponerle toda el agua que dice, le pones la mitad y solo agua caliente. Mezclas el polvo con el agua y lo dejas enfriar: no endurecer, solo enfriar para poder ponerle el yogurt.

Una vez que ha enfriado, lo mezclas bien con el yogurt, usando un batidor o globo de mano, lo pones en compoteras individuales y le agregas por último la fruta que quieras. Con manzanas queda delicioso y dura bastante, con otras frutas es rico también, pero no dura tanto como con la manzana.

Lo pones al refrigerador hasta que se endurezca y ¡disfruta!

¡Rico y sano!

MALVAVISCOS
Marshmallows caseros

Ingredientes

Gelatina sin sabor	85 gramos - 3 onzas
Azúcar	50 gramos - 1/4 taza
Agua	1 taza - 200 ml
Sal Kosher	1/4 cucharadita
Jarabe de maíz	1 taza
Vainilla	1 cucharadita
Azúcar glass	1/4 taza

NECESITAS UN TERMÓMETRO DE COCINA.

Hidrata la gelatina con un poquito de agua en un bowl.

En una cacerola, a fuego medio, pon el resto del agua, el azúcar, el jarabe de maíz, la vainilla y la sal. Mezcla bien con una espátula y cubre la cacerola sin mezclar más, hasta que hierva.

De vez en cuando, levanta la tapa y mueve los ingredientes para que se mezclen bien. Tapa la cacerola por 4 minutos y luego pon el termómetro adentro: tiene que llegar a 240°F – 115°C. Cuando llegue a esa temperatura, retiras del fuego.

En una batidora de pie, pon la gelatina que ya está dura, la cubres con la mezcla azucarada caliente y mezclas a velocidad alta hasta que se haga un merengue.

IMPORTANTE: comienza con la batidora a baja velocidad, para que no salpique; ten mucho cuidado porque estará hirviendo. Va a estar listo cuando se enfríe el bowl de la batidora, no lo saques antes. Son unos 15 minutos.

Lo último que agregas es la vainilla y el colorante que quieras, siempre en gel. Necesitas ponerlo en un molde que esté completamente cubierto de azúcar glasstamizado, es importante para que no se te pegue.

Luego, vuelcas la mezcla encima del azúcar y lo vuelves a cubrir completamente con azúcar glass. Déjalo descansar toda la noche y al día siguiente lo cortas en cuadrados: ¡ya está listo para disfrutar!

MOUSSE de CHOCOLATE

con dulce de leche

Ingredientes

Chocolate amargo en barra	400 gramos - 4 barritas
Mantequilla sin sal	50 gramos
Dulce de leche	4 cucharadas
Claras de huevo	6
Azúcar	3 cucharadas
Crema de leche	200 ml

Colocar una cacerola a baño María con el chocolate y la mantequilla, para que se derritan. Dejar entibiar, agregarle el dulce de leche y —si quieres— puedes ponerle nueces en trocitos pequeños, en este momento.

Por otro lado, batir las claras a nieve y agregar el azúcar hasta formar un merengue.

Vierte el chocolate sobre el merengue mezclando con movimientos lentos y envolventes.

En una batidora, pon la crema y bátela hasta que se espese, tipo chantilly.

A continuación, mezcla esta crema con el chocolate que mezclaste con las claras.

Sirve en vasos individuales y decora con frutos rojos, menta y azúcar glass.

TIP: el chocolate derretido debe estar a temperatura ambiente antes de integrarse a los demás ingredientes, para no arruinarlos.

VERO
SWEET
HOBBY

MOUSSE de FRESAS
postre LIGHT

Ingredientes

Fresas frescas	25 grandes - 35 medianas
Claras de huevo	3
Azúcar	120 gramos - 1 taza
Agua	50 ml - 1/2 taza

Este postre es mega fácil, básicamente hay que hacer un puré de fresas y mezclarlo con merengue italiano.

Va a quedar como una espuma deliciosa que puedes llevar al freezer y se convierte en un helado delicioso, sin nada de crema.

Comienza licuando las fresas hasta que se haga un jugo.

Por otro lado, pon las claras en la batidora y el azúcar con el agua en una cacerola al fuego. Calienta el agua azucarada hasta que llegue a punto bola (ver glosario).

Cuando esté listo, lo agregas a las claras que siguen en la batidora, en forma de hilo. Ve agregando muy poquito líquido hasta que todo se integre. Continúa batiendo hasta que se enfríe el bowl de la batidora. Una vez que el merengue esté hecho, integra el líquido de fresas mezclándolo a mano, de manera envolvente y ponlo en un molde. Llévalo al freezer si te gusta helado o al refrigerador si lo prefieres como mousse. Enjoy!

Aclaración: los huevos deben estar pasteurizados para hacer esta receta. Busca cómo hacerlo en la receta de glaseado.

¡PASTELES SIMPLES RICOS!

DELICIOSOS!

VERO SWEET HOBBY

ALFAJORES
de Maizena

Ingredientes

Harina	300 gramos - 1 ½ taza
Fécula de maíz	300 gramos - 1 ½ taza
Azúcar	200 gramos - 1 taza
Huevos	3
Mantequilla	200 gramos - 7.1 oz
Vainilla	1 cucharada
Coco rallado y dulce de leche	Lo suficiente para rellenar.

Mezcla todos los ingredientes secos en un bowl, luego agrega los huevos y la vainilla. Por último corta la mantequilla en trozos y agrégalo.

Para mezclarlo, yo utilizo primero un tenedor y cuando ya están los ingredientes más o menos juntos, vuelco la masa sobre una superficie preparada con un poquito de harina.

Amasa hasta que quede una masa lisa, haz una bola y ponla en un bowl, cúbrelo con un repasador limpio y al refrigerador por una media hora.

Retíralo, estira la masa, corta círculos de unos 4 cm de diámetro, cocina en charola enmantecada y enharinada por sólo unos 10 minutos. Debe estar cocido, pero blanco al sacarlo.

Arma los alfajores con dulce de leche repostero adentro, rellenando 2 tapitas tipo sandwich pásalos sobre coco rallado en la unión para que se cubra la parte de afuera del dulce.

BROWNIE

Ingredientes

Chocolate repostero	200 gramos - 1 taza
Mantequilla	110 gramos - 7 oz.
Azúcar	120 gramos - 1 taza
Huevos	4
Harina	80 gramos - 2/3 taza
Escencia de vainilla	1 cucharadita
Bicarbonato	1 cucharadita
Nueces o chispas de chocolate	A gusto

Comienza derritiendo el chocolate con la mantequilla en el microondas o a baño María.

Por otro lado, mezcla los huevos, el azúcar, la harina, la esencia de vainilla y el bicarbonato.

Agrega el chocolate derretido a la mezcla, debe estar a temperatura ambiente para que, al mezclarlo, el chocolate no cocine los huevos.

La receta americana lleva nueces, puedes agregárselas o no, también puedes agregarle chispas de chocolate para un sabor más fuerte.

Cocina a 350°F - 180°C por media hora. Deja enfriar y corta en cuadrados. Sírvelo solo o con helado de vainilla. ¡Delicioso!

CHOCOTORTA

¡La más famosa de Argentina!

Ingredientes

Galletas de chocolate (chocolinas)	2 paquetes
Dulce de leche	500 gramos - 2 tazas
Queso crema tipo Philadelphia	500 gramos - 2 tazas
Leche o leche chocolatada	250 cc - 1 taza

Para el relleno:

Mezclar el dulce de leche repostero con el queso crema, reservar en el refrigerador.

Embeber las galletas en la leche y colocarlas en tu plato o bandeja para formar la base. Aquí mucha gente las embebe en café, en vez de leche, si te gusta el café úsalo.

Colocar una capa de relleno sobre la primera capa de galletas, luego otra capa de galletas y así sucesivamente hasta formar el pastel.

La última capa es una capa de galletas, que puedes cubrir con chocolate cortado en rulos.

MI VERSIÓN: la cubro de ganache! ¡Queda deliciosa! Busca la receta en este recetario.

PASTEL 1-2-3-4

¡MUY fácil!

Ingredientes

1 taza de crema de leche o heavy whipping cream
2 tazas de azúcar
3 tazas de harina
4 huevos

¡El pastel más fácil y rico del mundo! Comienza mezclando los huevos con el azúcar en la batidora, hasta que se forme una crema y no sientas la textura del azúcar. Agrégale tu saborizante favorito, a mí me gusta ralladura de limón o vainilla.

Retira de la batidora e integra la harina tamizada con movimientos lentos, envolventes, intercalando con la crema de leche hasta integrartodo.

Hornéalo a 350°C – 180°F. El tiempo depende del molde que elijas. Amí me gusta hacerlo en una flanera porque queda con la forma de la foto, si lo horneas en ese molde, son unos 40 minutos.

TIP 1: antes de meterlo al horno, espolvoréale azúcar encima, te dará una cobertura crujiente ¡deliciosa!

TIP 2: puedes hacerlo marmolado, poniendo la mitad de la mezcla en la flanera y mezclando la otra mitad con 3 cucharadas de Nesquick de chocolate. Lo viertes arriba, lo mezclas un poco haciendo círculos entre los dos colores y queda perfecto.

PASTEL de LIMÓN

tipo Starbucks

Ingredientes

Harina	400 gramos - 2 1/3 taza
Azúcar	300 gramos - 1 1/2 taza
Huevos	2
Mantequilla	150 gramos - 5 oz.
Leche	1 taza
Ralladura de 1 limón	

Baño:

Azúcar glass	50 gramos- 1/2 taza
Azúcar común	1 taza - 236 ml.
Jugo de limón a gusto	1 cucharada está bien

Comenzamos batiendo la mantequilla blanda, a temperatura ambiente, con el azúcar. Batir hasta que se forme una crema, agregar los huevos de a uno, hasta que se integren bien, agregar la ralladura de limón.

Retirar de la batidora y agregar la harina cernida y, de a poco, en forma de lluvia, alternando con la leche hasta que se una la masa.

Cocinar en una fuente rectangular baja, con spray para que no se pegue o cubierta de mantequilla y harina.

Cocinar a horno medio por unos 20 minutos, hasta que esté listo.

El baño debe agregarse cuando el pastel se enfría. Solo debes mezclar todos los ingredientes en un bowl y esparcirlos sobre el pastel frío. Córtalo en cuadrados pequeños y ¡a disfrutarlo! ¡Es delicioso!

PASTEL DE MANZANA

¡No se mezcla!

Ingredientes

Manzanas	2
Mantequilla	150 gramos - 6 onzas
Azúcar	200 gramos - 1 taza
Harina	190 gramos- 1 1/2 taza
Polvo de hornear	2 cucharaditas
Huevos	2
Leche	1 taza - 236 ml.
Vainilla	1 cucharada

Mezclar los ingredientes secos por un lado y los líquidos por otro.
Poner spray para que no se peguen los ingredientes, en un molde no
muy alto. Verter la mitad de la preparación de los ingredientes secos.
Cortar las manzanas peladas en rodajas finas y cubrir con ellas toda la
preparación seca. Sobre las manzanas, poner la otra mitad de los
ingredientes secos.
A continuación, verter los ingredientes mojados cubriendo toda la harina.
Con un tenedor haz agujeros hasta llegar a tocar el fondo de la fuente,
de modo que los líquidos pasen y lleguen hasta el fondo.
Antes de llevar al horno, espolvorear canela y azúcar.
Cocinar a horno medio por media hora. Servir tibio, ¡una delicia requete
fácil!

PASTEL
de TAZA
de chocolate

Ingredientes

Harina	3 cucharadas
Azúcar	3 cucharadas
Huevos	1
Aceite de maíz	3 cucharadas
Leche	3 cucharadas
Chocolate en polvo	3 cucharadas
Chispas de chocolate	1 puñado
Polvo leudante	1 cucharadita
Vainilla líquida	1 cucharadita

En una taza apta para microondas, pones todos los ingredientes mojados primero, agrega el limón y la ralladura, mezlca bien, Agrega los ingredientes secos, mezcla bien.
Por último le agregas chispas de chocolate arriba y algunas adentro de la mezcla. Quedará un chocolate derretido delicioso!

Cocina en microondas por unos 3 minutos si tu microondas es potente, si no lo es, necesitarás meterlo un rato más hasta que salga cocido.

Me gusta decorarlo con azúcar glass (impalpable) espolvoreada.

PASTEL de TAZA
de limón

Ingredientes

Harina	3 cucharadas
Azúcar	3 cucharadas
Huevos	1
Aceite de maíz	3 cucharadas
Leche	3 cucharadas
Jugo de limón	1 cucharada
Ralladura de 1 limón	1 cucharadita
Polvo leudante	1 cucharadita
Vainilla líquida	1 cucharadita

En una taza apta para microondas, pones todos los ingredientes mojados primero, agrega el limón y la ralladura, mezlca bien,
Agrega los ingredientes secos, mezcla bien.
Cocina en microondas por unos 3 minutos si tu microondas es potente, si no lo es, necesitarás meterlo un rato más hasta que salga cocido.

COBERTURA:
Mezcla jugo de un limón con azúcar glass hasta que te quede una mezcla
 con consistencia espesa.
Vas a volcarlo sobre el pastel de taza en caliente. Estos pasteles son para comer inmediatamente después de hechos.
¡Que los disfrutes!

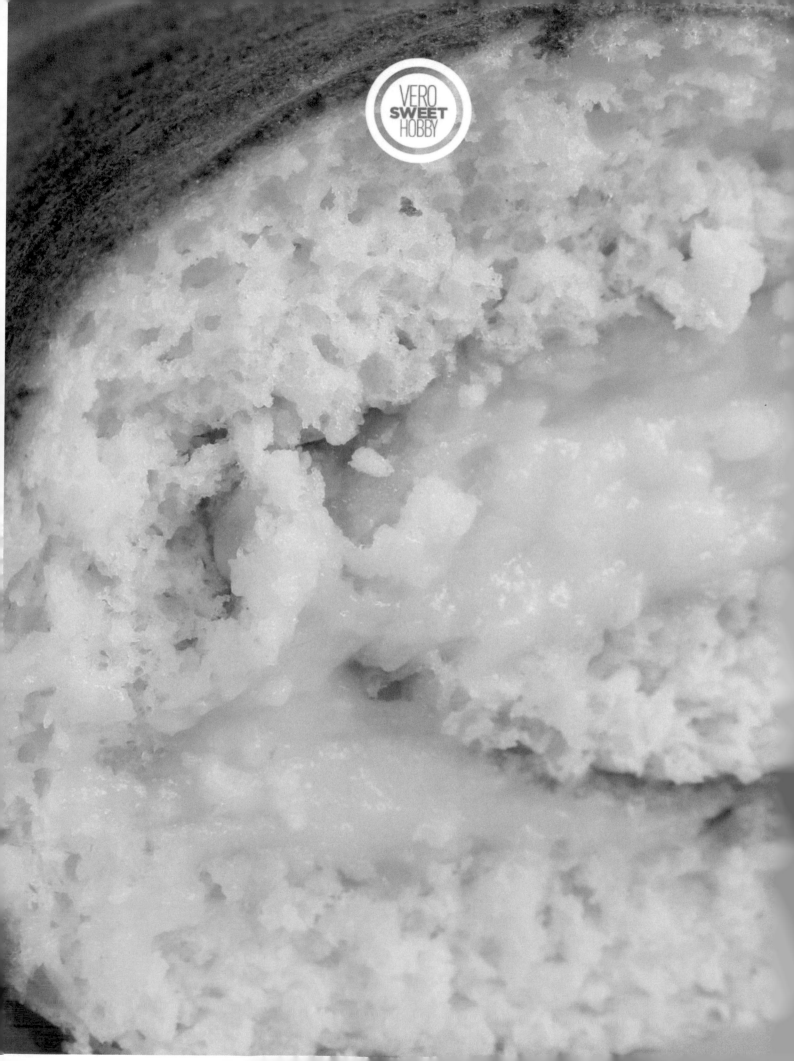

PIONONO

Ingredientes

5 Huevos
5 cdas. Azúcar
5 cdas. Harina
Miel   Un chorrito

El pionono es mi favorito, porque se hace en sólo unos minutos y siempre queda delicioso! Mi preferido lejos es el relleno de chantilly y fresas, es suave, dulce y esponjoso.

Pre calienta el horno a 350F -180C.
Comienza batiendo los huevos con el azúcar en la batidora al máximo, mézclalo hasta que se forme una espuma bien alta. Mientras continúas batiendo, le vas a agregar un chorrito de miel, este paso es importantísimo para que no se te quiebre.
Retíralo de la batidora e incorpora las cucharadas de harina, cernidas y de a una de manera envolvente (ver glosario).
Pon la preparación en una fuente previamente preparada con aceite anti adherente y papel encerado, si estás en USA es parchment paper, no uses wax.
Hornea por 10 minutos, sácalo del horno y caliente, haz movientos como para enrollarlo y estirarlo, esto previene que se quiebre después.

Rellena y enrolla con tu relleno favorito. Si lo quieres guardar, usa un repasador de cocina limpio, enróllalo y ponlo en una bolsa bien cerrada hasta usarlo, hasta 1 día después.

TURRÓN
de Avena

Ingredientes

Mantequilla	110 gramos - 4 onzas
Azúcar	300 gramos - 1 1/2 taza
Cacao en polvo	5 cucharadas
Leche	3 cucharadas
Avena	2 tazas
Coñac	2 cucharadas
Galletas de agua (crackers)	2 paquetes

Derretir la mantequilla y agregarle todos los demás ingredientes excepto la avena, una vez que todo está derretido incorporar la avena al final. Mezclando muy bien, con el fuego muy bajo para que quede una pasta blanda y fácil de manejar.

Cubre una bandeja con una capa de galletas, puedes pegarlas a la base con dulce de leche para que no se muevan. Cubre las galletas con una capa de la pasta, agrega otra capa de galletas arriba, tipo un sandwich y arriba otra capa de la pasta de chocolate.

La cantidad de capas que hagas depende del tamaño de la bandeja, si utilizas una bandeja de 30 x 20 cm. (11 x 7 pulgadas) te alcanzará para unas 4 capas de galletas cubiertas con 4 capas de la mezcla.

Refrigéralo y córtalo en pequeños cuadraditos de 3 x 3 cm. aproximadamente para servirlo. ¡Es delicioso!

GALLETAS

NO SE PUEDEN DEJAR DE COMER!

VERO SWEET HOBBY

GALLETAS de AVENA

Ingredientes

Harina de almendra	240 gramos - 2 tazas
Bicarbonato	1/2 cucharadita
Sal	1/2 cucharadita
Mantequilla sin sal	165 gramos - 3/4 taza
Azúcar morena	213 gramos - 1 taza
Azúcar refinada	100 gramos - 1/2 taza
Canela	1 cucharadita
Extracto de vainilla	1 cucharada
Huevo	1
Yema de huevo	1
Avena	1 1/2 taza

Precalienta el horno a 325°F - 162°C. Coloca un papel encerado en una charola de hornear galletas.

Derrite la mantequilla y deja que se enfríe.

Mezcla la harina, el bicarbonato y la sal, resérvalos.

En batidora: bate la mantequilla con el azúcar morena y con el azúcar común.

Una vez mezclados, agrega la canela, la vainilla, el huevo, la yema de huevo y bate hasta que se integren.

Luego, agrega la harina de almendras a mano, lentamente. Por último, agrega la avena.

Forma bolitas con la mezcla y aplástalas con la mano en tu bandeja, dejándole un espesor de poco menos de 1 cm. a cada galleta.

Hornea por 15 minutos.

GALLETAS
para decorar

Ingredientes

Azúcar glass	200 gramos - 2 tazas
Harina	500 gramos - 3 1/4 tazas
Huevos	3
Vainilla líquida	2 cucharadas
Mantequilla	150 gramos - 1 1/2 barra
Ralladura de 1 limón	

Mezcla primero los ingredientes secos en un bowl: la harina con el azúcar y la ralladura de limón. Haz un hueco en el medio para incorporar los ingredientes líquidos: los huevos y la vainilla.

Si quieres, puedes reemplazar 1 cucharada de vainilla por algún oporto o licor.

Por último, agrega la mantequilla cortada en cubos bien pequeños. Cuando ya esté blanda, a temperatura ambiente, incorpórala primero con un tenedor.

Luego, vuelca la mezcla sobre la mesa para amasarla bien. Si ves que la masa está dura, puedes agregarle un chorro muy pequeño de leche y seguir amasando.

Si la masa se pega, agrega harina para despegar, pero no mucho para que no se endurezca.

Haz una pelota grande, ponla en el bowl y cúbrela con un repasador de cocina déjala descansar por lo menos media hora.

Luego, estira y corta tus galletas. Cocínalas a 350°F – 178°C por 10 minutos máximo.

GALLETAS
chocolate chips

Ingredientes

Harina	180 gramos - 1 1/2 tazas
Mantequilla sin sal	90 gramos - 1/3 taza
Azúcar	50 gramos - 1/4 taza
Azúcar morena	53.5 gramos - 1/4 taza
Polvo de hornear	1 cucharadita
Huevo	1
Vainilla líquida	1 cucharadita
Chispas de chocolate	85 gramos - 1/2 taza
Sal	1 pizca

Precalienta tu horno a 350°F – 180°C.

Bate la mantequilla junto con el azúcar, hasta que quede bien cremoso. Añade el huevo y sigue batiendo hasta que se integren y quede una masa espesa.

Espolvorea de a poco la harina y la sal, hasta que quede todo integrado y quede una masa más firme.

Agrega las cucharaditas de vainilla y el polvo de hornear.

Por último, añade a la masa las chispas de chocolate.

Haz bolas con la masa y presiónalas sobre la charola, para hacer la forma de las galletas de unos 4 cm de diámetro por 1 de alto.

Hornea en bandeja de galletas, encerada o con spray antiadherente, por unos 15 minutos y ¡a disfrutar!

Palmeritas

Ingredientes

Masa de hojaldre　　2 tapas
Mantequilla　　　　　50 gramos - 2 onzas
Azúcar　　　　　　　50 gramos - 1/2 taza

NOTA: las cantidades aquí son aproximadas, no te preocupes en medir tanto. Si necesitas una masa rica de hojaldre, recomiendo mucho la marca La Salteña porque queda deliciosa.

Procedimiento:

Estira una tapa de la masa sobre una superficie cubierta con una fina capa de harina para que no se pegue.

Pincela la masa con una fina capa de mantequilla derretida, cubre bien la superficie pero recuerda de que debes aplicar una capa bien fina. Cúbrelo con una capa fina de azúcar cubriendo toda la superficie.

Enrolla la masa desde los costados hacia el centro, y te van a quedar dos rollos en el centro de la mesa, corta trozos de 1 cm aproximadamente y ponlos en tu charola cubierta con papel encerado (parchment en Estados Unidos) Una vez en la charola, presiona un poquito hacia abajo cada galleta con la palma de tu mano, para que se formen las orejitas.

Cocina por 15 minutos a horno medio 350F - 176 C o hasta que estén doradas. ¡Estas galletas son deliciosas siempre! Y recién hechas más todavía.

VAINILLAS

Ingredientes

Claras de huevo	4
Yemas de huevo	4
Azúcar	100 gramos - 1/2 taza
Harina	100 gramos - 3/4 taza
Azúcar glass	Lo suficiente para espolvorear.

Para hacer esta receta es fundamental tener todos los ingredientes listos para usar, porque si no se hace todo rápido, las vainillas se bajan.
Prende el horno a 350°F – 176°C

Comienza separando las claras de las yemas y agrega un poquito del azúcar a las yemas. Deja el resto separado para las claras. Mezcla con una batidora de mano hasta que se aclare un poco el color de las yemas y se integren con el azúcar.

Por otro lado, haz un merengue con las claras y el azúcar restante. Comienza batiendo las claras a nieve y cuando estén bien firmes le agregas el azúcar en forma de lluvia, batiendo constantemente. Una vez que el merengue esté pronto, lo retiras de la batidora y le integras, a mano y de manera envolvente, la harina cernida finita de a poco y la mezcla de las claras.

Rápidamente, poner en manga pastelera con una boquilla redonda grande como la Wilton y hacer la forma de línea en una bandeja preparada con papel encerado. Espolvorear con azúcar glass antes de meter al horno y hornear por unos 10 minutos. Puedes usar estas vainillas para hacer Tiramisú.

¡Hola! Espero que te haya gustado mi recetario: La Biblia de la Repostería.

Me presento, por si no me conoces, soy Vero Castagno y quizás hayas visto algún video de mis recetas en mis redes: soy VeroSweetHobby en YouTube, Facebook, Instagram y en TikTok.

No siempre hice repostería, pero siempre cociné postres ricos.

Soy Argentina, y me vine a Estados Unidos hace 20 años a trabajar en televisión, un trabajo que amo y disfruté con toda mi alma por más de 17 años. Logré cada sueño que me propuse en mi carrera de tele. ¡El más grande era trabajar en Fox Sports y lo conseguí! Pero, en 2015 cerraron todos los canales de televisión en español de Los Ángeles y me quedé sin trabajo. Me tocó empezar de cero, el mundo que tenía se derrumbó y elegí dejar el miedo de lado para convertirme en quien soy hoy.

A la hora de reinventarme, quise volver a mis raíces. Me vinieron muchos recuerdos de mi nona, ella me cocinaba las cosas más ricas y que jamás comí en ningún restaurante del mundo. Pero de lo que más me acordé fue de los momentos que compartimos en su cocina, cada carcajada, música, bailes, aromas. Y fue ahí donde decidí que mi próximo capítulo iba a ser en mi cocina, a donde iba a enseñar las recetas que me enseñó ella, ¡las más fáciles y las más ricas! Es en la cocina donde se transmiten los valores más profundos y nuestra cultura pasa de generación en generación. Siempre pensé que para cocinar hace falta un ingrediente fundamental: amor por lo que haces. En ese entonces no sabía nada de redes sociales, pero estudié mucho para hacerlo y le puse muchas ganas, energía y horas de trabajo.

Hoy, después de 5 años de haber comenzado con VeroSweetHobby, estoy muy orgullosa de mi familia virtual en la que ya somos casi medio millón de personas. Y estoy muy agradecida por tanto cariño que recibo de todos.

Este libro es para ti, hecho con mucho amor.

Made in the USA
Las Vegas, NV
02 June 2021